AF279397

Susana Sánchez Cortés

APULEYO EDICIONES   FOMENTO DE VALORES   CUENTOS ILUSTRADOS

LA CONEJITA LOLA

un dia de sol y de lluvia

APULEYO EDICIONES · FOMENTO DE VALORES · CUENTOS ILUSTRADOS

La conejita Lola vive con su familia en una madriguera. Viven bajo tierra, en una pradera preciosa donde el sol luce durante todo el año.

La mamá de Lola se llama Cloe. La quiere mucho y cuida de ella. Su papá se llama Rolf, y ayuda a Lola con los deberes de la escuela. A Lola le encanta hacer deberes, sobre todo, ¡le gusta dibujar!

El hermanito pequeño de Lola se llama Pol. A Pol le encanta jugar con ella, ¡se divierten mucho! Lola cuida de su hermanito para que no le pase nada malo.

0
3
4
6
1
7
5
10
2

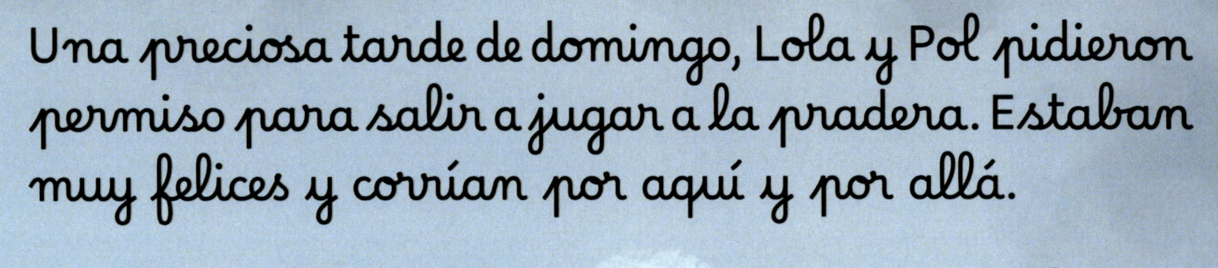

Una preciosa tarde de domingo, Lola y Pol pidieron permiso para salir a jugar a la pradera. Estaban muy felices y corrían por aquí y por allá.

Pero, de repente, al cabo de un rato, el día empezó a nublarse. Una gran nube cubría toda la pradera, y empezó a llover muy fuerte. Grandes truenos y relámpagos resonaban y Pol empezó a asustarse.

Como Lola era una hermanita muy cuidadosa, condujo a Pol bajo un gran árbol que les resguardaba de la lluvia. Ahí estarían durante un buen rato hasta que parase de llover.

Como Pol estaba muy nervioso, su hermanita, a fin de tranquilizarlo y distraerlo, le contó una historia acerca de unos conejitos que viajaban de visita a la Luna.

Mientras tanto, los papás de Lola y Pol estaban esperando en casa. Estaban muy preocupados, porque llovía mucho y no sabían dónde estaban sus hijitos.

Para ayudar a la mamá a sentirse mejor, el papá le dijo que respirase tranquila. Respirar y calmarse hicieron que la mamá se sosegara. A fin de cuentas, no podían hacer nada hasta que terminara de llover.

El papá encendió la chimenea y se puso a preparar una sopa caliente para cuando los pequeños regresaran a casa.
Estaba deseando que sus hijitos volvieran para darles todo su cariño.

La mamá preparó unas toallas y unas zapatillas calentitas, para que entraran en calor lo antes posible cuando estuvieran de vuelta, después del chaparrón que les estaba cayendo encima.

Al cabo de un rato, la lluvia fue perdiendo intensidad y el sol empezó a asomarse entre las nubes. La pradera empezaba a recobrar su aspecto luminoso y alegre.

Hi!
Bye

Cuando por fin escampó del todo, Lola y Pol
regresaron rápidamente a casa.

Volvieron corriendo, muy contentos y felices de poder encontrarse con sus papás.

Sus papás, Cloe y Rolf, que los esperaban impacientes mirando a través de la ventana, se sintieron muy aliviados y contentos al verlos que regresaban desde la lejanía.

Los papás los secaron rápidamente, para que no cogieran un resfriado. Lola y Pol tiritaban de frío, pero estaban contentos de estar al fin en casa. ¡Vaya susto habían pasado!

Después de un rato, por fin estuvieron todos bien acomodados y juntitos en la madriguera.
La chimenea desprendía un calor muy agradable y los hermanos enseguida fueron recobrando sus fuerzas, gracias a la sopa que les había preparado papá.

Después de cenar, se fueron a dormir a sus camas, bien calentitos y resguardados del frío.
Los papás los arroparon con mucho cariño y les dieron un besito de buenas noches a cada uno. ¡Muack, muack!

Cuando los papás se quedaron solos, se abrazaron y se prometieron que siempre tratarían de mantener la calma ante la adversidad y que afrontarían cualquier tipo de reto juntos. ¡Lo importante es ser un buen equipo!

Moraleja para los papás y mamás:

Siempre habrá días de sol y de lluvia en nuestras vidas. Aprender a sosegarnos, respirar y mantener la calma es fundamental, puesto que no vamos a poder evitar que, de vez en cuando, nos toque un día lluvioso o nos caiga un buen chaparrón.

Cultivar un talante calmado y positivo ante las pequeñas

adversidades cotidianas es un gran ejemplo para nuestros pequeños. Ellos imitan nuestras actitudes y somos su modelo a seguir.

Estos pequeños gestos harán del mundo de mañana un lugar más feliz para ellos.

Muchas gracias.

"Salta, salta sin parar"
La Conejita Lola – Un día de sol y de lluvia.

Salta, salta, salta, salta, salta sin parar,
la conejita Lola nunca para de saltar.

Corre, corre, corre, nunca deja de correr.
Salta, salta alto y no la puedes coger.

Juega en la pradera con su hermanito Pol,
juegan a mil juegos, se divierten un montón.

Ella corre mucho, como una estrella fugaz.
Vuela por el cielo y nadie la puede alcanzar.
(bis)

Corre, salta y brinca, brinca, brinca con tesón,
No puedes cogerla porque ya se te escapó.

Corre, salta y brinca, brinca, brinca con tesón,
no puedes cogerla porque ya ¡se te escapó!

Escucha la canción aquí: 

LA CONEJITA LOLA

un dia de sol y de lluvia

APULEYO EDICIONES · FOMENTO DE VALORES · CUENTOS ILUSTRADOS

Susana Sánchez Cortés

APULEYO EDICIONES   FOMENTO DE VALORES   CUENTOS ILUSTRADOS